Essay über die Regression und Therapie

Über die Ähnlichkeit von Wahn, Rausch und religiöse Ekstase

Vorwort

„Wenn ein Kind, das die Sauberkeitserziehung bewältigt hat, unter Belastungen wieder beginnt, nachts einzunässen, sprechen wir von Regression. Und wenn ein Volk, dessen einzelne Individuen sich zur Selbstverantwortung und damit zur Demokratie entwickelt haben, wieder nach dem starken Mann, nach einem Führer, nach einem Vater ruft, dann regrediert es ebenso."

Reinhart Lempp, Das Kind im Menschen, Klett Kotta, Stuttgart 2003, S.26

"Common sense carries fragments of knowledge. It knows that the people, who are compassionate, people of heart, have a certain wisdom which is not knowledge, a certain insight, a certain intuitiveness which cannot be taught. They can see things, feel things. They are sensitive to things which are not available to the mind. So people start thinking that there are possibilities of the heart having wisdom. But they don't know that the heart is your emptiness. And out of your emptiness clarity, a transparency arises which can see things which you cannot intellectually infer. This is wisdom."

Osho, The Buddha, Das Herz-Sutra, Osho-Verlag, Köln 1994

Zusammenfassung

Dieses kurze Essay möchte der Autor als Anregung zum Denken verstanden wissen. Es ist kein wissenschaftliches Werk, es fehlen ihm Belege, Statistiken oder was sonst noch die Richtigkeit der Thesen belegen würde. Der Autor versteht sich als Kompilator, der Gedanken, die er, vor allem aber andere wissenschaftliche Pioniere schon vor ihm gedacht haben. Der einzige Verdienst, den sich der Autor zuschreiben kann, ist dass er aus der Fülle eines langen Leser-Lebens zusammengetragenes Wissen hier präsentiert.

Kernthese ist, dass sich sowohl Psychotische Erkrankungen als auch religiös-mystische Erfahrungen auf Regression zurückführen lassen. Daraus ergibt sich die therapeutische Konsequenz, dass die Patienten auf der Stufe behandelt werden müssen, auf der sie sich gerade befinden und nicht mit Medikamenten ruhig gestellt werden sollten.

Inspiriert wurde ich durch die Lektüre von Hermann Hesse, Laotse, Suzuki und Osho. Meine Vordenker waren der Ethnologie Gelpke, die Psychiater Lempp und Grof und Janov, der Arzt Reich, der Nah-Tod-Forscher Prof. Michels, die Psychotherapeutin Liedloff, die Therapeuten Zolliger und Ayers, die Antipsychiater Cooper und Laing.

4

All diesen Menschen und vielen mehr, deren ich mich nicht mehr erinnere, bin ich zu Dank verpflichtet.

Summary

This short essay is dedicated to inspire thinking on the basis of therapy and its foundation in common human basis of development. The author doesn't pretend to deliver a scientific work while he is well rooted in the works of such well known therapist like the German psychiatrist Lempp, the German ethnologist Gelpke, the Englisch Cooper and Laing, the American freethinkers like Casriel, Janov, Liedloff, the oriental representatives of Zen like Suzuki, the Taoist Laotse or the "Guru" Osho. All these and many more persons are to be thanked by the gracious author.

His main thesis is, that both psychotic experience and religious/drug-induced spiritual experience is one. This thesis sounds a bit daring. Nethertheless there are strong similarities in the experience of both groups. Some people, trying esoteric techniques without a strong setting, fall into experience that may be misunderstood by classical psychiatrist.

In spite of the dangers that may occur, the author pleads for the use of the regressive technique, as they are already used by many therapeutic bias, even for psychotic people, the most sad and suffering in their long travel through life.

Inhalt

7

Klassische Definition der Regression

Der Begriff der Regression entstammt der Freud'schen Psychoanalyse: „ Unter Regression versteht man die Rückkehr zu Verhaltens- und Reaktionsweisen, die der Betreffende in seiner psychischen, geistigen, emotionalen und sozialen Entwicklung überwunden hatte"(Lempp,R.: a.a.O., s. 24) Lempp grenzt ihn gegenüber der altersbedingten Regression ab, weil diese nicht überwindbar ist.

In der Regression kehrt der Mensch zurück in Denk- und Verhaltensweisen der Kindheit. Dazu gehören der Egozentrismus (vergl. Piaget), Allmachtsphantasien, Animismus, Autistischen Wesenszüge, Nicht-Trennen von Außen- und Innenwahrnehmung, Stimmenhören, Abspalten und Projektion von Gefühlen nach außen (sog. Adualismus, Lempp, aaO. S. 31). Lempp spricht davon, dass das Kind im 2. Lebensjahr lerne, Eigenrealität (=Nebenrealität) und Hauptrealität zu trennen. Im dritten Lebensjahr schließlich lernt das Kind langsam auch, dass „andere Menschen anders denken".

Haupt- und Nebenrealität-Regression als Hilfsmittel im Alltag

Während der erwachsene Mensch nun in der Hauptrealität zu leben scheint, tritt er manchmal in Nebenrealitäten ein. Dazu gibt es genügend Anlässe:

Psychische Überlastung, vulgo Stress muss abgebaut werden, um das Gesamtsystem Mensch leistungsfähig zu erhalten. Der moderne Mensch ist im Arbeitsleben so perfekt organisiert worden, dass er innerhalb der Arbeitszeit fast keine Entspannung kennt. Hochkonzentriert am Fließband, in der Großbäckerei, am Bildschirm, bei der Dateneingabe, an der Scanner Kasse, acht Stunden auf der Autobahn. Der Leser wird genügend Beispiele dafür finden. In einfachen Kulturen1) schalten Erwachsene zwanglos zwischen kindlichem Gehabe und erster erwachsener Reflexion einfach hin und her. Ebenso ist die soziale Differenzierung bei den Dogon sehr gering. Der Stressfaktor, darauf zu achten, was „dein und mein" ist, entfällt weitgehend. Unter diesen Belastungen ist der Ausstieg in „Nebenrealitäten" häufig: Nebenrealitäten sind z.B. für Lempp Literatur und Musik, aber auch die höhere Mathematik (ebda. S. 56) , die Philosophie und die Religion. Der Autor möchte diesen Begriff jedoch gerne erweitern. Mehr oder weniger sind auch Sportvereine, militärische Strukturen, Jahrmärkte (Angstlust und Nervenkitzel)2, Suchtgifte. Überall da, wo der Mensch freiwillig die Kontrolle über sein

---

[1] (vergl. dazu z.B. Parin,P./Morgenthaler,F./Parin-Matthèy,G., Die Weißen denken zuviel, psychoanalytische Untersuchungen bei den Dogon in Westafrika,EVA, Hamburg 2006
[2] Balint, M. Angstlust und Regression, Klett-Kotta, Stuttgart 2014, S. 17ff)

9

Denken aufgibt.

Stufen der Regression

Kurzfristige Tagträume

Orale Regression (Frustfuttern)

Fernsehen, Kino, Musikhören

Thrill – in der Terminologie von M.Balint „Philobatismus "[3]

Pornografie

Nächtliche Träume

Fresssucht, Fernsehsucht, Internetsuch, Kaufsucht, Sexsucht

Alkohol und sonstiger Drogenmissbrauch

Neurosen

Psychosen, Regression in die frühe Kindheit

Regression in die Wiederholung des Geburtsvorgangs (siehe Grof.St. a.a.O.)

Regression in vorgeburtliche und vorgeburtliche Erfahrungen (Archetypen,Todesängste, Katatonie usw.)[4]

---

[3] Vergl. Balint,M. a.a.O. S. 23 ff
[4] Rosen schreibt cit. Nach Geissler, P. a.a.O. s. 55.
Hosen - Phasen prägenitaler Regression

10

Auslöschung (Nirvana): eventuell gleichzusetzen mit
Adualismus)

Regression in der Psychiatrie

Massive seelische Überlastung (Partnerverlust, Arbeitsplatzverlust,
sonst. Traumata). Der Autor erlaubt sich, auch die Reaktionen, die als

---

Rosen (1964) unterscheidet, ausgehend von einer Ähnlichkeit zwischen Traum und
Psychose, acht Phasen prägenitaler Regression. Beschrieben wird, in Form eines Ich-
Satzes, das jeweils angenommene typische Gefühl des Psychotikers:

1. Phase: Depression. Ich habe Penis, Faeces und Brust verloren.
2. Phase: Manie. Ich träume, dass ich voller Leben bin (weil ich gerne so tun würde, also
   ob ich mit Penis, Faeces und Brust vereint wäre).
3. Phase: Paranoide Schizophrenie. Ich träume, dass man mir Schaden zufügt und mir
   damit droht.
4. Phase: Noch einen Schritt weitergehend. Ich träume, dass ich weiß, was ich zu tun
   habe.
5. Phase: Hebephrenie. Ich träume, dass ich ein dummes Baby bin. Ich lache und spiele
   mit Fingern und Zehen, weil ich versuche so zu tun, als sei ich die ganze Welt.
6. Phase: Katatonie. Ich träume, dass ich vor Angst ganz erstarrt bin (weil Mutter sich
   weigert mich zu lieben, wenn ich nicht sterbe).
7. Phase: Noch tiefer (Stupor, Raptus). Ich träume, dass mich vor der Mutter Entsetzen
   packt und ich gleichzeitig nach ihr schreie (weil sie für tödlich und zugleich
   lebensnotwendig ist).
8. Phase: Noch tiefer. Ich träume, ich bin starr vor Angst (denn ich muss tot sein, um der
   Mutter zu gefallen).

neurotische oder sogar psychotische Störungen subsumiert werden, als psychische Bewegungen in kindliche Nebenrealitäten aufzufassen. Somit wären Schizophrenien ein Regression in den Adualismus5 (Die Fähigkeit, sich selbst zu betrachten, ist verschwunden), die Manie die Regression in die Allmachtsphantasien, die Depression die Regression in die frühestkindliche Abhängigkeit von der „nährenden Mutter". Fresssucht wäre eine Rückkehr zur oralen Befriedigung des Kleinkindes (Balint, a.a.O. S. 18), das Borderline-Symptom mit der Abspaltung gewisser Teile der Realität sowie Zuschreibung bestimmter Eigenschaften an lebende Objekte oder tote Gegenstände als kindliche Fehlinterpretation aus dem Egozentrismus heraus.6

Vor kurzem hat der englische Professor für Psychiatrie Dutton die Aufmerksamkeit darauf gelenkt, dass psychopathische Einstellungen auch unentdeckt bei erfolgreichen Anwälten, CEOs oder Medienleuten vorkommen. Die „Skrupellosigkeit, der Charme, die Fokussiertheit, (die) mentale Härte, die Furchtlosigkeit und die Achtsamkeit"7 kann man als Regression in die Phase der Abspaltung von Gefühlen interpretieren. Nach Lempp[8] könnte man dazu sagen: „Rationales

---

[5] Lempp,R.: Das Kind im Menschenb, Klett-Cotta, Stuttgart 2003, s. 86

[6] Vergl. Lempp,R.: a.a.O. s. 96f
7 Dutton, K.: Psychopathen. Was man von Heiligen, Anwälten und Serienmördern lernen kann, dtv, München 2013,s. 203
[8] Lempp, R. a.a.O. s. 144

Handeln ist deshalb wegen der unkontrollierten und offenbar unkontrollierbaren Emotionen keineswegs auch immer vernünftiges Handeln".

Regression und Meditation

In der Meditation, aber auch in Hypnose oder in induzierter Trance verliert der Mensch auch die Fähigkeit zur rationalen Betrachtung. Dies wird auch gezielt gefördert durch entsprechende Techniken. Von Latihan (Unkontrollierte Bewegungen zulassen) bis Dynamische Meditation (Körperlich Entspannung bis zum Extrem) haben alle schwachen(wie z.B. Hatha Yoga) bis extremen Techniken(z.B. Kundalini)[9] nur ein Ziel: Ausschaltung des Verstandes, der Ratio.

Der Autor Hilbrecht warnt davor, sehr schnell wirkende Techniken, die z.B. die Kundalini-Kraft im Menschen wecken, ohne langwierige vorhergehende ruhige Meditation anzuwenden. Nicht nur eine geistige Führung sei notwendig, sondern auch eine Verankerung ruhiger mentaler Abläufe, bevor verstörende Eindrücke auf den Meditierenden

---

[9] Christina Grof hat das Erwachen der Kundalini bei sich ausführlich geschildert in: Grof/Grof a.a.O. s.19-33.

einströmen. Sog. Hellsehen sieht er lediglich als Aktivierung normaler Spiegelneuronen, so dass der Meditierende plötzlich besser in der Lage sei, die Körpersprache von Menschen zu analysieren. [10]Der Meditierende regrediert in Zustände der seeligen Entspannung, der Geborgenheitsgefühls des Kleinkindes oder dem Adualismus (esoterisch als Erleuchtung/Nirvana bezeichnet.

Genauso kann es jedoch passieren, dass kindliche Traumata in phantasievollen Traumsequenzen wieder erlebt werden.

Forschungsergebnisse zu diesen Reisen zurück durch das Leben liegen vielfach vor.[11][12][13][14]Auch Erlebnisse der Verbindung mit Pflanzen und Tieren, wie sie Kinder kennen, kommen vor, vor allem in Initiationsriten/Schamanismus.[15]

Manchmal erlebt der Meditierende auch vorgeburtliche Realitäten und Archetypen. Hesse schreibt:

---

[10] Vergl. Hilbrecht,H: Meditation und Gehirn, Schattauer-Verlag, Suttgart , 2013, s.43.
[11] Michels,J.,Zu Besuch im Himmel, Authentische Bericht, Kompetente Analysen, Benno-Verlag, Leipzig o.J
[12] Grof, Stanislav, Topografie des Unbewussten, Klett-Kotta, Stuttgart 2 012
[13] Leimz,M.H.:Lucy mit c, Mit Lichtgeschwindigkeit in Jenseits, Books on Demand, Norderstedt 2005.
[14] Vergl. auch Knoblauch,H.: Berichte aus dem Jenseits-Mythos und Realität der Nahtoderfahrung, Herder, Freiburg 1999
[15] Harner, M. Der Weg des Schamanen, Ansata-Verlag, 1983

„Er sah seines Freundes Siddhartha Gesicht nicht mehr, er sah statt dessen andre Gesichter, viele, eine lange Reihe, einen strömenden Fluß von Gesichtern, von Hunderten, von Tausenden, welche alle kamen und vergingen, und doch alle zugleich da zu sein schienen, welche alle sich beständig veränderten und erneuerten, und welche doch alle Siddhartha waren. Er sah das Gesicht eines Fisches, eines Karpfens, mit unendlich schmerzvoll geöffnetem Maule, eines sterbenden Fisches, mit brechenden Augen - er sah das Gesicht eines neugeborenen Kindes, rot und voll Falten, zum Weinen verzogen - er sah das Gesicht eines Mörders, sah ihn ein Messer in den Leib eines Menschen stechen - er sah, zur selben Sekunde, diesen Verbrecher gefesselt knien und sein Haupt vom Henker mit einem Schwertschlag abgeschlagen werden - er sah die Körper von Männern und Frauen nackt in Stellungen und Kämpfen rasender Liebe -, er sah Leichen ausgestreckt, still, kalt, leerer sah Tierköpfe, von Ebern, von Krokodilen, von Elefanten, von Stieren, von Vögeln - er sah Götter, sah Krischna, sah Agni -, er sah alle diese Gestalten und Gesichter in tausend Beziehungen zueinander, jede der andern helfend, sie liebend, sie hassend, sie vernichtend, sie neu gebärend, jede war ein Sterbenwollen, ein leidenschaftlich schmerzliches Bekenntnis der

Vergänglichkeit, und keine starb doch, jede verwandelte sich nur, wurde stets neu geboren, bekam stets ein neues Gesicht, ohne daß doch zwischen einem und dem anderen Gesicht Zeit gelegen wäre - und alle diese Gestalten und Gesichter ruhten, flossen, erzeugten sich, schwammen dahin und strömten ineinander, und über alle war beständig etwas Dünnes, Wesenloses, dennoch Seiendes, wie ein dünnes Glas oder Eis gezogen, wie eine durchsichtige Haut, eine Schale oder Form oder Maske von Wasser, und diese Maske lächelte, und diese Maske war Siddharthas lächelndes Gesicht, das er, Govinda, in ebendiesem selben Augenblick mit den Lippen berührte. Und, so sah Govinda, dies Lächeln der Maske, dies Lächeln der Einheit über den strömenden Gestaltungen, dies Lächeln der Gleichzeitigkeit über den tausend Geburten und Toden, dies Lächeln Siddharthas war genau dasselbe, war gen au das gleiche, stille, feine, undurchdringliche, vielleicht gütige, vielleicht spöttische, weise, tausendfältige Lächeln Gotamas, des Buddhas, wie er selbst es hundertmal mit Ehrfurcht gesehen hatte. So, das wusste Govinda, lächelten die Vollendeten.".16

---

16 Das bekannteste Beispiel ist das Erleben des Govinda in: Hesse, H.:Siddhartha, Suhrkamp 2014, s. 119ff.

Ebenfalls positiv beschreibt der deutsche „Guru" Hofer [17]seine „Erleuchtung": Dabei handelt es sich um einen klassischen Ich-Tod in Verbindung mit einer Gotteserfahrung.[18]

„Fast schrieb ich. Stöhnte. Haah. Und noch ein Hahh. Und es führlt sich soo ekstatisch an, so orgastisch… im Herzen. Der ganze Brustraum wurde geflutet von elektrischer Energie.. wie ein Orgasmus im Herzen. …Gleichzeitig stieg nun auch die Energie in der Wirbelsäule weiter. Fast augenblicklich nach der „Herz-Öffnung" schoss die Energie durch die Wirbelsäule bis in den Kopfraum und füllte ihn aus…. Unendlich starke Energie…Und: unendliche Glückseligkeit erfüllte mich… Da war nun plötzlich auch nicht nur der Denker weg, das Denken ausgeschaltet, sondern auch das ICH an sich…Ich war Gott. Ich war Nichts. Ich war nicht. Ich war Alles. Alles war Gott… Alles ist ein Traum.. Links und Rechts, Yin und Yang, Männlich und weiblich, Ida und Pingala (waren) ausgeglichen"

In traditionellen Gesellschaften wird der Eintritt in eine solche verstörenden Nebenrealitäten(oder auch Wahnvorstellungen,

---

[17] OWK Hofer, E.: Tantrische Erleuchtung, Sex, Drugs & Medition, E-Book.o.J.
[18] Vergl. auch Grof,Ch.u.St.a.a.O. S. s.94. und 128.

je nachdem, ob man es aus esoterischem oder klassisch-psychiatrischen Blickwinkel betrachtet) von „geistigen Führern" überwacht. Bei den tibetischen Mönchen werden z.B. die Meditierenden für 6 Wochen von der Außenwelt isoliert, damit sie bei der „Reise durch die Unterwelt" nicht in die Gefahr kommen, ihre (Visionen=phantasievoll ausgestaltete Erinnerungen) für eine äußere Realität zu sehen.

Demgegenüber ist der westliche, vereinzelte Meditierende schutzlos den Eindrücken ausgesetzt und kann dann ebenso in einer psychischen Störung gefangen bleiben.[19] [20]

---

[19] Die Regression auf frühkindliche negative Eindrücke kann Stupor, Katatonie oder paranoide Schizophrenie erzeugen. Wahrnehmungen wie man sie aus Träumen kennt. Auch manische Allmachtssphantasien (**„Ich bin Jesus"**) kann zu gefährlichen finanziellen Transaktionen oder zu Verletzungen („Ich kann fliegen") führen. (Der Autor)

[20] Jaeger,R.: „Die geistige Geburt gleicht einer Nachtmeerfahrt, die ein starkes Ich erfordert, um der individuellen, kollektiven und kosmischen Schattenwelt begegnen zu können" cit. Nach Hilbrecht,H. a.a.O. s.160.

Ein Beispiel nennt der oben schon zitierte Autor Hilbrecht in seinem hervorragenden Buch „Meditation und Gehirn":

„Das "Erwachen des Kundalini" oder des "Qi" kann Menschen auch sehr aktiv werden lassen. Nicht nur der Dopamin-, sondern auch der Noradrenalinspiegel steigt an. Dieses Hormon regelt die Aggressivität[21] eines Menschen. Dazu gehören auch die Risikobereitschaft, das Zugehen auf andere Menschen, Initiative und das Vertreten des eigenen Standpunkts. Nach seiner "kleinen Erleuchtung" könnte der Meditierende also etwas eigenwilliger sein, gerne lachen, Lust auf Party oder Wanderungen haben oder Spaß an Sexualität. Normalerweise entsteht bei der Meditation eine freundliche und liebevolle Grundhaltung zu anderen Menschen, die auch den Einfluss von Noradrenalin in positive Bahnen lenkt. Wenn das nicht so ist, könnte dieser Mensch auf einen Irrweg geraten oder krank geworden sein. Anzeichen dafür sind Anfälle von Allmachtsgefühlen, unrealistische Höhenflüge, wenn jemand kaum noch zuhören kann, häufig unvermittelt und sprunghaft

---

[21] Ein sehr anschauliches Beispiel bietet der Roman „Die dunkle Seite des Mondes" von Martin Suter, in der der Protagonist nach der Einnahme psychedelischer Drogen in einen aggressiven Wahn verfällt, aus dem er sich nicht mehr befreien kann. (Das Buch hat es inzwischen sogar zur Schullektüre gebracht) (Diogenes, Zürich 2000)

19

das Thema wechselt oder kaum noch auf ruhige Signale anderer Menschen reagiert. Auch diese Probleme können schon vorher im Untergrund der Seele schlummern und mit dem Erlebnis in der Meditation aufbrechen".[22]

Wenn man psychiatrische Kategorien auf diese Erfahrungen anwendet, so handelt es sich um eine „Manische Psychose". Da das Problem erkannt wurde, wurde von Therapeuten, zuvorderst vom Ehepaar Grof das SEN (spiritual emergency network) gegründet, das auch in Deutschland viele Unterstützer hat.

Fazit: Unversöhnlich stehen sich die Befürworter der Meditiation und der Psychiatrie gegenüber. Während die Befürworter der Meditation von den segensreichen Wirkungen der Meditation schwärmen, von größerer innerer Ruhe, Stress Resilienz, Erweckung des geistigen und emotionalen Potentials bis hin zu scheinbar paranormalen Fähigkeiten ist zumindest die klassische Psychiatrie eher geschockt von den möglichen psychischen Störungen, die bei Meditierenden auftreten können. Man könnte schon von einem Paradigmenwechsel

---

[22] Hilbrecht, H.: a.a.O. s. 132f.

sprechen, wenn beide Seiten sich einmal zusammensetzen würden und eine gemeinsame Sprache sprechen würden.

Machtmissbrauch der Gurus?

An dieser Stelle ein Wort zu dem verstorbenen „Guru" Osho, früher bekannt und berüchtigt unter dem Namen Bhagwan. Für den Autor steht er unstrittig in einer Reihe anderer erleuchteter Meister wie Suzuki, Krishnamurti oder der Dalai Lama. Er hat auch, wie es ein guter Meister tun sollte, davor gewarnt, sich „an ihn zu hängen" d.h. eine Vaterprojektion in ihn aufzubauen. So sagte er u.a.: „Don't go to a guru, go to a friend." Dennoch haben viele seiner Anhänger ihr Hab und Gut in die Rajneesh-Foundation gesteckt und nichts davon wieder gesehen. Letztlich wird es sich jedoch leider nicht klären lassen, wieviel von diesen Aktivitäten von ihm gebilligt wurde oder in

Kauf genommen wurde oder ob alles seinem „Management"
zuzuschreiben ist, über das es genügend kritische Stimmen
gibt.[23] Das gleiche könnte man natürlich auch von Krishnamurti
behaupten.[24]

Regression in der Therapie

Wie schon angedeutet, bedeutet jede Therapie eine
Regression auf einen früheren Entwicklungszustand um dort zu
ruhen, Luft zu holen. Balint schreibt den Mechanismus so:
..Während des Spannungsanstieges, d.h. der Befriedigung des
Triebimpulses *(= der therapeutische gewünschten Regression.
(Der Autor)*)treten sehr eindrucksvolle, geräuschvolle
Symptome auf; dann kommt es zu einem plötzlichen
Umschwung, der in ein Gefühl ruhigen, stillen Behagens
ausläuft... Schließlich die wichtigste Entwicklung: a) die
Rückkehr zu etwas Primitivem, **zu einem Punkt vor Beginn der
Fehlentwicklung** (Hervorhebung durch den Autor), und das

---

[23]Joneleit-Oesch,S.: Die Kirche und die Gurus : die Geschichte der Evangelischen
Zentralstelle für Weltanschauungsfragen (EZW) mit der Hare-Krishna- (ISKCON) und
der Osho- (ehemals Bhagwan-) Bewegung, Dissertation Heidelberg 2003
[24] Gustav Meyrink: Hochstapler der Mystik. Erstveröffentlicht in: *Allgemeine Zeitung*,
Chemnitz 1927

könnte man als „Regression" beschreiben; b) gleichzeitig aber kommt es zur Entdeckung eines neuen, besseren Weges, und das bedeutet Progression."[25]

Therapie in Trance nach Bandler/Grinder [26]unterscheidet sich daher nur unwesentlichen von Koans der buddhistischen Mönche. Während die Mönche geistige Verwirrung stiften, indem sie unlösbare Koans/Sprachrätsel aufgeben, verwirren Bandler/Grinder durch sprachliche Verknüpfungen von logischen im unlogischen Aussagen oder Satzkonstruktionen.

Zwei Beispiele für Koans sollen deren Wesen verdeutlichen:

„Das Unkraut ist ein Kostbarkeit, die Kostbarkeit ein Unkraut" und

„Lausche auf das Klatschen der einen Hand".

Andere in der Therapie verwendete Regressiontechniken finden sich

---

25 Balint,M.(2014) Therapeutische Aspekte der Regression, Klett-Cotta, Stuttgart,s. 161.

[26] Bandler,R., Grinder,J: Therapie in Trance, Klett-Kotta, Stuttgart 2013

In der Bioenergetik (= Durch Überdehnung des Körpers Ausbruch von angespannter Energie und Regression in die traumatische Situation)

In der klassischen Analyse (Couchsituation mit freier Assoziation)

Im holotropen Atmen(Grof.St. a.a.O.) Katharsis durch übermäßiges Atmen.[27]

Regression als Ergebnis von Rauschzuständen

---

[27] Holotropes Atmen (oder: holotrope Atemarbeit, vom griechischen holos „ganz" und trepein „sich richten auf" oder „sich begeben", „auf Ganzheit ausgerichtet") ist eine von Stanislav Grof entwickelte Atemtechnik, durch die man nach Ansicht ihrer Anwender in Erfahrungsbereiche eintreten kann, die dem Bewusstsein im Allgemeinen nicht zugänglich sind (engl: nonordinary states of consciousness).[1] Das Ziel dieser Technik ist die Bearbeitung und Integration bislang unzureichend integrierter Persönlichkeitsanteile und eine „Hinbewegung auf Ganzheit", was durch den Begriff holotrop zum Ausdruck gebracht werden soll. Holotropes Atmen wird von seinen Anwendern zur Transpersonalen Psychologie gezählt (Zitat aus Wikipedia)

Der Religionswissenschaftler und Ethnologe Gelpke geht davon aus, dass es zwei diametral unterschiedliche Ethiken gibt: Die Westliche und die Östliche. Dabei kommt dem „Weg nach innen", die Vereinigung mit der Natur, der/dem Geliebten oder auch Gott in der östlichen, dem Islam näherstehenden Ethik die wichtigere Bedeutung zu gegenüber dem in der westlichen Ethik geforderten Ausrichtung auf den „angeblichen" Fortschritt, die Ethik von Leistung, Trennung des Individuums vom Nächsten, des Konsums.[28] Er propagiert den zielorientieren, jedoch wohl gesteuerten Genuss von Opiaten, der seiner meiner nach die Sinne schärft im Gegensatz zu Alkohol, der den Geist lediglich verwirre.[29] Gefahr bei der Regression, die er als „Seelenerweiterung" interpretiert, bestehe nur dann, wenn die Droge zur Flucht aus der Realität benutzt werde.

Positive Wirkungen der Regression

---

[28] Gelpke, R.: Drogen und Seelenerweiterung, 4. Aufl. Kindler , München o.J. s. 26.

[29] Ebda. S. 65f

Wie schon erwähnt kann Regression zu wirtschaftlichem Erfolg genutzt werden[30]. Die entscheidende Rolle dabei dürfte die Fokussiertheit und das Charisma haben, die beide mit dem Angstverlust einhergehen.

Ebenfalls betroffen sind Künstler im Bereich der Malerei oder der Musik, die durch die Enthemmung zu lockerem Spiel oder kreativem Ausdruck geführt werden.[31]

Der Freiburger Theatergründer, Regisseur, Businesscoach und Bühnenautor Johannes Galli[32] hat die Regression ebenfalls zum Prinzip seiner Theaterpädagogik erhoben, ohne dies explizit zu erkennen/benennen. Für ihn sind die Ausbildung der kindlichen Wurzeln des Menschen Voraussetzung für seine Lebenstüchtigkeit. Seine sog. Kellerkinder© sieht man zunächst als Störenfriede, die aber, wenn sie bewusst gespielt werden, Kraftvolle Helfer im Alltag (und natürlich auf der Bühne) sind. Auch in anderen Spiel- bzw. theaterpädagogischen Richtungen ist die Regression in kindliche Spielformen Programm.[33]

---

[30] Verl. Dutton,K.a.a.O.

[31] Dazu gäbe es unendlich viele Beispiele. Es seien nur genannt die Schriftsteller Benn, Appolinaire, Baudelaire und Schiller.

[32] Galli,J: GAME, Die Galli-Methode, Galli-Verlag, Freiburg o.J.

[33] Vergl. das hervorragende Kompendium Vlcek,R.: Workshop Improvisationstheater, Übungsbuch, Auer-Verlag,Donauwörth, 8. Aufl. 2013

Die „Öffnung der Herzens"(vergl. Einleitung, Osho-Zität), eine häufige Wirkung der tiefen Meditation bewirkt ein Durchbruch der natürlichen Empathie des Kindes. Man kann zumindest vermuten, dass diese Fähigkeit die Gesellschaft humaner machen könnte.

Lempp schreibt zu diesem Thema:

„Das Kind im Menschen wurde von der Psychoanalyse als Störenfried entdeckt, der sich im Leben des Erwachsenen immer wieder störend zu Wort meldet. Das Kind im Menschen ist aber in Wirklichkeit sein Schutzengel, der ihm immer zur Verfügung steht, und schließlich ist es für den Menschen die Quelle seiner Kultur und Menschlichkeit. Das kindliche Denken und Erleben dient dem Individuum, ist aber eine Gefahr für das Leben in der Gemeinschaft".[34]

Darüber hinaus entwickelt sich manchmal die Fähigkeit der Telepathie. Synchronizitäten im Sinne von C.G.Jung[35] treten auf sowie Gedankenübertragung von Mensch zu Mensch. Diese Fähigkeiten sind manchmal nicht einmal gewünscht, müssen daher erst einmal ins eigene Weltbild integriert werden.

---

34 Lempp, R. (2003) Das Kind im Menschen. Nebenrealitäten und Regression-oder: Warum wir nie erwachsen werden, Klett-Cotta Stuttgart 2003 s.165.

[35] Vergl Grof,Ch.u.St.a.a.O. s. 134f.

Ungesunde Gesellschaft und gesundes Kind – der soziale Aspekt der Regression

Therapie hält sich normalerweise an den Patienten, an das Individuum. Natürlich ist inzwischen das Bewusstsein der Bedeutung des sozialen Kontextes gewachsen. Daraus sind in jahrelanger Entwicklungsarbeit Therapieformen wie Gruppentherapie oder Gruppenaufstellungen entstanden. Darüber hinaus hat der Konstruktivismus, ausgehend von Watzlawick u.a. den Blickwinkel geweitet für die Subjektivität jeder Wahrnehmung. Ich möchte jedoch noch einen Aspekt hier nennen, der meiner Ansicht nach zu kurz kommt, den der Prävention. Eine Prävention in der Hinsicht auf psychische Hygiene des Kleinkindes ist sicher am allerschwersten zu bewerkstelligen, weil es dazu einer langen Umstellung unseres Menschenbildes bedarf. Gerade heute, im Zeitalter eines exponentiellen Anstiegs von Produktivität und damit auch Leistungsanforderung und Erhöhung der Geschwindigkeit im Alltag, haben es auch Kinder schwer, z.B. durch die Doppelbelastung der Mütter durch Kindererziehung und Beruf. In „altertümlichen Gesellschaften" sind die Grundregeln des

Umgangs mit dem Kleinkind noch bekannt. Das Kind nimmt über den Geruch und die Haut der Mutter Kontakt mit der „Welt" auf. Deshalb ist es wichtig, das das Kind das Gefühl der eigenen Körpergrenzen durch enges Getragenwerden erfährt. Zweitens sollte es die orale Befriedigung wenn irgend möglich durch die Muttermilch erfahren. Drittens sollte das Kind diese Bezugsperson bis zum Ende des zweiten Lebensjahres behalten. In den „altertümlichen Gesellschaften"[36] wird die Ablösung durch temporäres „Schnuppern" an den neuen Bezugspersonen angebahnt. Danach kann sich das Kind langsam an eine größere Gruppe, die Sippe oder Großfamilie gewöhnen.

Die Bindung an diese Gruppe verleiht Sicherheit, die für die Entwicklung nicht überschätzt werden kann.

Danach ist es Zeit, dem Bewegungsdrang des Kindes nachzugeben. Die Entwicklung und die Integration der Sinne muss in dieser Zeit laufen. Erst nachdem diese Entwicklungen abgeschlossen ist, wird das Kind auf natürliche Weise an Fachwissen aus Büchern oder Filmen Interesse finden.

---

36 Vergl. Liedloff, J.: Auf der Suche nach dem verlorenen Glück : gegen die Zerstörung unserer Glücksfähigkeit in der frühen Kindheit /München, Beck 2013

In Europa und den USA läuft es genau umgekehrt. Möglichst früh wird das Kind der Mutter entzogen, es wird, möglichst mit 2 Jahren, in einen Hort mit wechselnder Belegschaft gebracht, dann im Kindergarten möglichst schon auf Fremdsprachen getrimmt und dann in der Schule zu mindestens 9 Jahren „Stuhlhaft" verurteilt.

Wer das nicht glaubt, vergleich einmal das offene, freundliche, unaufdringliche Sozialverhalten der meisten Menschen in Sri Lanka, Südindien, Tibet oder Thailand mit dem von Kindern in Europa und USA. Warum sind Schnuller, Hyperaktivität und Alkoholsucht wohl so verbreitet. Warum machen psychosomatische Beschwerden inzwischen 20% der Krankheitsfälle aus?

Voraussetzungen einer Therapie bei Regression

Ob man Regression überhaupt heilen soll, ist immer abhängig davon ob

a) ein Leidensdruck vorliegt oder gar das Gegenteil (s.o.) Wenn Regression einen Gewinn an Kreativität und Erfolg zeitigt entfällt aus der Sicht der regredierten Person die Notwendigkeit einer Therapie.

b) die Person nicht lieber in der Regression verbleiben möchte wie z.B. manche psychiatrischen Patienten, denen das Krankenhaus Schutz bietet vor der „aggressiven" Umwelt.

c) die Regression in Erleuchtungszustände in einem kulturellen Umfeld vielleicht nicht abgelehnt, sondern als positives Lebensziel interpretiert wird. Das aufdringliche Betteln buddhistischer Mönche in Thailand, die teilweise Selbstkasteiung von Yogis, die Verrücktheit mancher Gurus in Indien mögen für einen Westeuropäer einsichtig sein, für den Großteil der dortigen Bevölkerung sind sie jedoch Kulturgut.

d) Christina Grof nennt ein wichtiges Unterscheidungskriterium zwischen Menschen, die schwertherapierbar psychotisch sind und Menschen in einer spirituellen Regression (Sie nennt es spirituelle Krise oder transformative Phase): „ein wichtiges Merkmal einer solchen transformativen Phase ist, dass der Betroffene sich der Beziehung des Prozesses zu entscheidenden spirituellen Fragen des Lebens sowie des transpersonalen Gehalts der Erfahrungen bewusst ist. Ein weiteres bedeutendes Kennzeichen ist die Fähigkeit, **in beachtlichem Maße zwischen inneren Erfahrungen und der Welt der mit** anderen geteilten Realität zu unterscheiden"[37](Hervorhebung durch den Autor). Gemeint ist die Fähigkeit, eigene innere Prozesse nicht nach außen zu projizieren, wie dies z.B. bei einem Verfolgungswahn geschieht.

e) es sich um kurzfristige Entlastungen handelt (5-Minuten-Zigarette, Verdauungsschnaps, Soaps usw), die kontrolliert ablaufen und die Rückkehr in die Realität jederzeit ermöglichen. Lempp nennt diese Fähigkeit in Anlehnung an Conrad „Überstieg".[38]

Wenn der Überstieg nicht mehr möglich ist und der Patient leidet, ist natürlich eine Therapie nötig und möglich. In der Therapie von Entwicklungsstörungen haben Zollinger im Bereich der Sprachstörungen[39] und Ayres[40] bei der

---

[37] Grof, Chr.u.St.(1960)Die stürmische Suche nach dem Selbst, Kösel, München s. 69f.
[38] Conrad, K.: a.a.O. cit bei Lempp, R.: a.a.o. s. 39.
[39] Zollinger,B.(Hrsg.) Spracherwerbsstörungen, Bern, Haupt, 2014

40 Ayres,J.: Bausteine der kindlichen Entwicklung, Berlin 2002 Die Sensorische Integrationstherapie wurde maßgeblich von der US-amerikanischen Ergotherapeutin und Psychologin A. Jean Ayres entwickelt. Neben umfangreichen, teilweise standardisierten Diagnostikverfahren bedienen sich Ergotherapeuten hauptsächlich der freien Verhaltensbeobachtung.Ziel der Therapie ist die Verbesserung der sensorischen Integration. Mittel sind die gezielte Reizsetzung bzw. das gezielte Reizangebot z.B. durch Therapeutisches Reiten. So lässt sich die muskuläre Grundspannung beispielsweise durch lineare Beschleunigung (Rollbrettfahren, Trampolinspringen, Schaukeln in der Hängematte) verbessern.

sensomotorischen Integration das Prinzip vertreten, das Kind da „abzuholen, wo es gerade steht" d.h. die Entwicklungsschritt nachzuarbeiten, die für das Kind noch nicht durchlaufen sind, z.B. das Krabbeln, Brabbeln.

Viele Psychiater halten es für unmöglich, mit Regressiven Techniken auch mit psychotischen Patienten zu arbeiten.(z.B. lehnt dies ein Teil der Bonding-Therapeuten sogar schon bei Borderline-Patienten ab. Jedoch haben die beiden sog. Antipsychiater Laing[41] und Cooper[42] mit psychotischen Patienten gearbeitet. Ab 1965 lebte Laing in einer Wohngemeinschaft mit Schizophrenen in Kingsley Hall, einem Haus in London. Sowohl der Dokumentarfilm Asylum (von Peter Robinson, USA 1972) als auch das Theaterstück „Mary Barnes"[43] über die frühere Bewohnerin von Kingsley und heutige Künstlerin.

Prinzipien einer Therapie mit dem Mittel der Regression

---

[41] Laing, R.D.Schizophrenie und Familie, mit G. Bateson, D.D. Jackson, Th. Lidz, L.C. Wynne u.a., 1969
[42] Cooper,D: Cooper, D.G. Psychiatrie und Antipsychiatrie, Frankfurt a. Main, 1971
43 David Edgar: Mary Barnes. Methuen Publishing Ltd, London 1979. Die Theatergruppe des Autors beschäftigte sich ausführlich mit dem Stück, bekam aber die Aufführungsrechte nicht.

1.Vermeiden von Ausgrenzung, z.B. durch das Wegfallen des Arzt (=gesund, weiß alles, bestimmt alles)[44] und Patient (=verrückt, muss ruhig gestellt werden, weiß nicht, wie er gesund werden könnte)

2. Ausagieren der Bedürfnisse des Patienten (z.B. Krabbeln, Summen, Sabbern, auch ggf. mit Kot hantieren, enger Körperkontakt, "Trippen", Wut in engem Körperkontakt ausleben/ausschreien lassen). Künstlerischer Ausdruck in Malerei, darstellendem Spiel, Schaukeln, Rollbretter usw.[45] Ähnliche Arbeit wie bei der Urschreitherapie.[46], die sehr viel mit Körperkontakt arbeitet.[47]

---

44 Vergl. dazu Goffman,E.: Asyle. Über die soziale Situation psychiatrischer Patienten und anderer Insassen. Suhrkamp, Frankfurt am Main 1993; vgl. auch E. Shorter: Geschichte der Psychiatrie. Rowohlt Verlag, Reinbek 2003

45 Ein therapeuticher Ansatz in dieser Richtung ist die Urschreitherapie von Casriel: Casriel ,D. Die Wiederentdeckung des Gefühls, München Goldmann, 1977

46 Vergl. Casriel,D. a.a.O.
47 Vergl. Montagu,A.: Körperkontakt, Klett-Cotta, Stuttgart 2012

3. Bieten einer beschützenden, wertschätzenden Umgebung.[48]

4. Gesprächsbereitschaft auf Augenhöhe.[49] Dazu Stern, der diese guten Gespräche „Now-Moment" nennt:

„In »Now-Moments« wird der Therapeut aus dem Gleichgewicht geworfen; er weiß nicht, was passiert, er weiß nicht, was er tun soll, wenn er sich voll auf die Situation im »Hier und jetzt« einlässt und nicht, wie sonst üblich, zu seiner vertrauten Routinetechnik übergeht. Die Rückkehr zur Routine würde einem Abbruch des entstehenden Kontakts gleichkommen…Derartige Augenblicke in der Therapie werden, sowohl vom Patienten als auch vom Therapeuten, als Bedrohung und zugleich Herausforderung für die übliche gemeinsame Arbeit empfunden. Nichtsdestoweniger sind sie ungemein wichtig, denn sie verändern die Qualität des Erlebens einschneidend, steigern die interaktionelle Spannung (vgl. hierzu Balints Konzept des »thrills«) und bewirken ein tiefes Einlassen beider Interaktionspartner ins »Hier und jetzt«. Ein »Now-Moment« birgt »eine große Chance für eine positive therapeutische Veränderung, aber es gibt auch das Risiko, dass die ganze Therapie den Bach runtergeht, daß die Auswirkungen sich als sehr

---

[48] Gerade dieser Punkt ist wichtig und wurde bei der italienischen Psychiatriereform nicht bedacht. Viele Patienten sind natürlich ungefährlich, aber ohne Therapie, einfach zurück geschickt in ihr teilweise natürlich auch krankmachendes Familiensystem können sie sich nicht stabilisieren.

[49] Der Autor hat bei seiner Betreuungsarbeit bei psychisch Kranken oft die erleichternde Wirkung erlebt, die sich bei Patienten einstellt, wenn man ihnen bewusst macht, dass ihr Verhalten eigentlich „normal" ist und möglichst auch von eigenen Erfahrungen berichten kann.

schädlich erweisen« (Stern 1998, S. 91). »Now-Moments- sind Momente der Authentizität auf Seiten des Therapeuten".[50]

Ökonomie der Therapie

Es wäre verwegen, wenn der Autor seine Thesen ohne Berücksichtigung der ökonomischen Zwänge im Gesundheitswesen einerseits und unter Missachtung des guten Willens vieler Psychiater andererseits hier vorgetragen hätte. Natürlich hat es die Bewegung für eine humane Psychiatrie gegeben mit weitreichenden Auswirkungen.[51] Auch wurden ungefährlichen Patienten aus den Kliniken entlassen und konnten unter Dauermedikation wieder am sozialen Leben und in Hilfeeinrichtungen am Arbeitsleben teilnehmen. Auch hat die vielfache Einrichtung psychiatrischer Ambulanzen dazu geführt, dass kurzzeitige Krisen nicht zu unnötig langer Isolation der Patienten führten. Ebenfalls haben Tageskliniken zu weiteren Verbesserungen beigetragen.

Trotzdem sind die Fallzahlen im psychologisch-psychiatrischen Bereich seit 1991 dramatisch gestiegen: „Bei diesem Vergleich

[50] Stern,D.N. 1998 s. 91 cit nach Geissler,P.: Mythos Regression, Psychosozial-Verlag,Gießen 2001 s. 314f.
[51] Vergl. hierzu das hervorragende Buch von Dörner,K.: Irren ist menschlich, Psychiatrie-Verlag Bonn 2007

fällt vor allem die deutliche Steigerung der Fallzahlen im psychiatrischen Bereich auf. In Fachabteilungen der Psychiatrie und Psychotherapie ist die Fallzahl gegenüber 1991 um fast 100% auf 407000 Fälle im Jahr 2010 gestiegen, im Bereich der Kinder/Jugendpsychiatrie und –psychotherapie sogar um rund 130% auf 20400 Fälle"(im Vergleich zu einer allgemeinen Steigerung der Fallzahlen seit 1991 um ca. 25%)"[52]

Dennoch glaubt der Autor, dass sich viele psychotische Patienten, aber auch „Entgleiste" aus unverantwortlichen Meditationsgruppen mit den oben genannten Methoden therapieren ließen. Oft werden immer noch aus Unlust und Unverständnis oder wegen personeller Engpässe lieber Medikamente gegeben als eine „Therapie auf Augenhöhe"(s.o.) probiert.

Letztlich stehen hier – ökonomisch betrachtet – Verweildauer u. viele Tagessätze intensivem Personaleinsatz und weniger Tagessätzen gegenüber. Der Autor hofft, mit seinem Essay einen kleinen Beitrag zum Umdenken geleistet zu haben.

---

[52] Stat. Bundesamt: 20 Jahren Krankenhausstatistik, veröffentlicht 2012,s. 118.

Literaturliste

Aries, Ph. (1978): Geschichte der Kindheit. drv, München.

Asperger, H. (1944):»Die -Autistische Psychopathie- im Kindesalter«. Archiv der Psychiatrie der Nervenkrankheiten 117, 76-136.

Balint M. (1988): Die Urformen der Liebe. drv/Klett-Cotta, München,S.114-145.

Balint, M. (1991): Angstlust und Regression. 3. Auflage, Klett-Cotta, Stuttgart.

Balint,M.(2014) Therapeutische Aspekte der Regression, Klett-Cotta, Stuttgart

Bleuler, E. (1969): Lehrbuch der Psychiatrie. 11. Auflage, umgearbeitet von M. Bleuler. Springer, Berlin/Heidelberg/New York.

Ciompi, L. (1982): Affektlogik. Klett-Cotta, Stutegart.

Conrad, K. (1966): Die beginnende Schizophrenie. 2. Auflage, Thieme, Stuttgart.

Dutton, K.: (2013)Psychopathen. Was man von Heiligen, Anwälten und Serienmördern lernen kann, dtv, München

David Edgar: (1979)Mary Barnes. Methuen Publishing Ltd, London

Geissler,P.: (2001)Mythos Regression, Psychosozial-Verlag,Gießen

Greenberg, L: (2006)Emotionsfokussierte Therapie, dgvt, Tübingen

Grof, Stanislav,(2012) Topografie des Unbewussten, Klett-Kotta, Stuttgart

Grof, Chr.u.St.(1960)Die stürmische Suche nach dem Selbst, Kösel, München

Goffman,E.: Asyle. (1993)Über die soziale Situation psychiatrischer Patienten und anderer Insassen. Suhrkamp, Frankfurt am Main; vgl. auch E. Shorter: Geschichte der Psychiatrie. Rowohlt Verlag, Reinbek 2003

Hilbrecht,H: (2013)Meditation und Gehirn, Schattauer-Verlag, Suttgart

Jones, E. (1960): Das Leben und Werk von Sigmund Freud, Band I. Huber, Bern/Stuttgart.

Kanner, L. (1943): »Autistic disturbances of affect contact«. Nervous Child2, 217-250.

Keppler, K., R. Lempp, O. Paschedag, H. E. Rebmann und R. Rupps (1979): »Die frühkindliche Anamnese der Schizophrenen«. Nervenarzt 50, 719-724.

Kimura, B. (1971): »Mitmenschlichkeit in der Psychiatrie«. Zeitschrift für klinische Psychologie und Psychotherapie 19, 3-13.

Klein, Melanie (2001): Das Seelenleben des Kindes. 7. Auflage, Klett-Cotta, Stuttgart.

Klosinski, G. (1985): warum Bhagwan? Auf der Suche nach Heimat, Geborgenheit und Liebe. Kösel, München.

Klosinski, G. (1996): Psychokulte. Was Sekten für Jugendliche so attraktiv macht. C. H. Beck, München.

Knoblauch,H.: Berichte aus dem Jenseits-Mythos und Realität der Nahtoderfahrung, Herder, Freiburg 1999

Laing, R.D. (1969)Schizophrenie und Familie, mit G. Bateson, D.D. Jackson, Th. Lidz, L.C. Wynne u.a.,

Lempp, R. (1977): Jugendliche Mörder. Huber, Bern/Stuttgartl Wien.

Lempp, R. (1979): Extrembelastung im Kindes- und Jugendalter. Huber, Bern/Stuttgart/Wien.

Lempp, R: (1986): Familie im Umbruch. Kösel, München.

Lernpp, R:(1987):»Reifung und Ablösung als lebenslange Aufgabe und als pathogene Problematik in ihrer gesellschaftlichen Abhängigkeit«. In: R. Lempp (Hrsg.), Reifung und Ablösung. Huber, Bern/Stuttgart/Toronto, S. 161-172.

Lempp, R. (1988): „Gibt es eigentlich psychotische Symptome?" Acta paedopsychiatrica 51, 172-177.

Lempp, R: (1989): »Die psychiatrische Forschung und exakte Naturwissenschaft«, Acta paedopsychiatrica 52, 204-208.

Lempp, R. (1992a): Vom Verlust der Fähigkeit, sich selbst zu betrachten. Huber, Bern/Göttingen/Toronto.

Lempp, R. (1992b): »Das Lachen des Kindes. Das Lachen in der psychischen Entwicklung«. In: Th. Vogel (Hrsg.), Vom Lachen. Attempto Verlag, Tübingen, S. 79-92.

Lempp, R. (1995a): »Cut und Böse - wir urteilen noch wie die Kinder«, Neue Sammlung 35, Heft 1/1995,123-126.

Lempp, R. (1995b): »Ist Erziehung Strafe?- Strafe statt Erziehung oder Erziehung statt Strafe? In: M. Günter (Hrsg.), Täter und Opfer. Aktuelle Probleme der Begutachtung und Behandlung in der gerichtlichen Kinder- und Jugendpsychiatrie. Huber, Bern/Göttingen/Toronto/Seattle 1995, S. 16-31.

Lempp, R. (1996a): Die autistische Gesellschaft. Kösel, München.

Lempp, R. (1996b): »Die ontogenetische und die phylogenetische Regression als psychopathogenetisches Prinzip«, Fundamenta Psychiatrica 10/1996, 144-147.

Lempp, R. (1998): »)Was damals passierte, kann man nicht beschreiben-. Der gescheiterte Bewältigungsversuch eines in der Kindheit verfolgten Juden und seine späte Therapie«. Forum der Psychoanalyse 14,52-65.

Lempp, R. (1999):»Die Gleichberechtigung des Kindes?« In:

Lempp, R. (2001a):»Kind und Kunst. Standbein - Spielbein«. Museumspädagogik aktuell 59, 33-35.

Lempp, R. (2003) Das Kind im Menschen. Nebenrealitäten und Regression-oder: Warum wir nie erwachsen werden, Klett-Cotta Stuttgart

Liedloff, J.: (2013)Auf der Suche nach dem verlorenen Glück : gegen die Zerstörung unserer Glücksfähigkeit in der frühen Kindheit /München, Beck

Loch, W (1967): Die Krankheitslehre der Psychoanalyse. Hirzel, Stuttgart.

Loch, W (1972): Zur Theorie, Technik und Therapie des Psychoanalyse. Conditio humana. S. Fischer, Frankfurt am Main, S.226.

Michels,J.,Zu Besuch im Himmel, Authentische Bericht, Kompetente Analysen, Benno-Verlag, Leipzig o.J

Montagu,A.: (2012)Körperkontakt, Klett-Cotta, Stuttgart

Müller, Ch. (1998): Wer hat die Geisteskranken von ihren Ketten befreit? Edition Das Narrenschiff, Bonn.

Papousek, H. und M. Papousek (1990): »Frühe Eltern-Kind-Interaktionen und ihre Bedeutung für die kindliche Entwicklung«. Der Kinderarzt 21, 191-194.

Rosen,J.N, (1964)Psychotherapie der Psychosen, Hippokrates, Stuttgart

Prechd, H. F. R. (1980): »The optimality concept«. Early Human Development4, 201.

Resch, F. (1996): Entwicklungspsychopathologie des Kindes- und Jugendalters. Beltz, Weinheim

Suzuki, D.:(1972) Zen-Buddhismus und Psychoanalyse, mit Erich Fromm und Richard de Martino. Suhrkamp, Frankfurt

Zollinger,B.(Hrsg.) (2014) Spracherwerbsstörungen, Bern, Haupt

Über den Autor

Dr. Hans Poignée, geb. 1951, studierte Germanistik, Romanistik, Politische Wissenschaften, Medizin, Sonderpädagogik und Pädagogik in Freiburg/Brsg. und in Marburg/Lahn. Er hat die Ausbildung zum Dipl. Pädagogen, Gymnasial- und Sonderschullehrer, zum staatl. anerk. Heilpraktiker, staatl. anerk. Betriebswirt, Wirtschaftsinformatiker(IHK) abgeschlossen. Während seines Studiums betreute er psychisch Erkrankte in der Klinik Emmendingen und später in Wiesloch. Er hatte die Erfahrung des Verlassens der Körpers einmal mit 18 Jahren. Mit 29 Jahren erlebte er das Erwachen der Kundalini. Er arbeitete mehrere Jahre als Heilpraktiker mit Schwerpunkt Gesundheitsprophylaxe und Psychotherapie. Im Osnabrück promovierte er über „Theraplay" in pädagogischer Psychologie.

Er ist nach der Galli-Methode zum Persönlichkeitstrainer und zum Mediator (FH Hagen) ausgebildet. Er ist Mitglied der Mensa i.D. Er veröffentlichte mehrere Sachbücher zu psychologischen und pädagogischen Themen.

Ergänzende Materialien

Oft ist die Belletristik oder der Film besser als alle „wissenschaftlichen Theorien":

Zwei wunderschöne Beispiele für gelungene Kommunikation auf „Augenhöhe"(s.o.) finden sich in zwei Filmen, in denen jeweils der verstorbene Schauspieler Robin Williams mit spielt:

1. **Der Film: König der Fischer**, in dem ein zynischer Radiomoderator eine psychopathischen ehemaligen Professor „heilt", indem er seine Sprache spricht.

2. **Der Film: Patch Adams** über den Arzt, Clown, politischen Aktivisten und Psychotherapeuten Patch Adems, der eine Mini-Privatklinik gründet, um Menschen kostenlos mit Medizin und Humor zu heilen. Seine eigenen Erfahrungen in der Psychiatrie, in seinem menschlichen Umgang mit Mitpatienten sind sehr witzig und anschaulich dargestellt.

3. **Martin Suter** hat in seinem Roman „Die dunkle Seite des Mondes" das Bild eines durch Drogenrausch in

einen aggressiven Wahn verfallenen Mannes gezeichnet.

Hinweis zu Lesern, die sich weiter mit den Chancen und Problemen spirituellen Wachstums beschäftigen möchten:

1. Das Buch: „Grof, Chr.u.St.(1960)Die stürmische Suche nach dem Selbst, Kösel, München" mit praktischen Hinweisen zur Steuerung der Entwicklung.

Die Beratung durch Mitglieder und Therapeuten des SEN (spiritual emergency networks) In Deutschland unter der Zentrale: Netzwerk für spirituelle Entwicklung

und Krisenbegleitung - Koordinationsbüro -

Pieter Loomans   Tel.: 07674-8511

Graf Dürckheimweg 5   Fax: 07674-8561

D-79682 Todtmoos-Rütte eMail: info@SENeV.de

Herstellung und Verlag:
BoD - Books on Demand, Norderstedt
ISBN 978-3-7347-3267-6